中国科学院院士、中国工程院院士是我国科学技术界、工程技术界的杰出代表，是国家的财富、人民的骄傲、民族的光荣。

摘自：习近平总书记在 2014 年 6 月 9 日两院院士大会上的讲话

石油院士系列丛书

童晓光
院士画传

温志新 严增民
王兆明 李浩武 等编

石油工业出版社

图书在版编目（CIP）数据

童晓光院士画传 / 温志新等编 . —北京：石油工业出版社，2022.1
（石油院士系列丛书）
ISBN 978-7-5183-5081-0

Ⅰ. ①童… Ⅱ. ①温… Ⅲ. ①童晓光—传记—画册
Ⅳ. ① K826.16-64

中国版本图书馆 CIP 数据核字（2021）第 243277 号

出版发行：石油工业出版社
　　　　（北京安定门外安华里2区1号楼　100011）
　　　网　　址：http://www.petropub.com
　　　编辑部：（010）64523541　图书营销中心：（010）64523633
经　　销：全国新华书店
印　　刷：北京中石油彩色印刷有限责任公司

2022年1月第1版　2022年1月第1次印刷
889×1194毫米　开本：1/12　印张：10
字数：50千字

定价：200.00元
（如发现印装质量问题，我社图书营销中心负责调换）
版权所有，翻印必究

石油院士系列丛书

编委会

主　　任：马新华

副主任：窦立荣　邹才能　张卫国　郭三林

主　　编：邹才能

副主编：陈建军　章卫兵　王建强　李　中

委　　员（以姓氏拼音排序）：

邓松涛　方　辉　郭彬程　洪　峰

黄金亮　康楚娟　李伯华　李浩武

刘文岭　牛嘉玉　王　海　王世洪

温志新　闫建文　严增民　尹月辉

袁江如　张延玲

编写组

温志新 严增民 王兆明

李浩武 尚　甦 童　帆

梁　爽 边海光 杜艳玲

石油院士系列丛书

童晓光院士简介

童晓光，石油地质和勘探专家，中国共产党党员。1935年4月8日出生于浙江。1964年，南京大学研究生毕业。曾任中国石油天然气勘探开发公司副总经理兼总地质师，现为高级顾问，教授级高工，中国共产党员。2005年，当选为中国工程院院士。

参加过大庆、辽河、塔里木等盆地的石油勘探，渤海湾盆地、中国东部和其他地区的石油地质研究。1978年，"辽河断陷石油地质特征及油气分布规律研究"获全国科学大会奖，为第一完成人；1980年，获石油工业部辽河曙光古潜山油田发现奖，为第一完成人；1983年，"中国东部陆相盆地地层岩性油藏分布规律及远景预测研究"获石油工业部科技进步一等奖，为第三完成人；1985年，"渤海湾盆地复式油气聚集区（带）勘探理论与实践研究——以济阳等坳陷复杂断块油田的勘探开发为例"获国家科学技术进步奖特等奖，为主要参加者；1991年，"塔里木盆地油气分布规律与勘探方向研究"获中国石油天然气总公司科技进步一等奖（部级），为第一完成人。

1993年，开始从事海外油气勘探开发，是中国跨国油气勘探的开拓者之一，对世界各地数百个项目进行研究和评价，指导国外二十多个项目的勘探，取得了重大成果。2003年，在他领导下完成的"苏丹Muglad盆地1/2/4区高效勘探的技术和实践"获国家科学技术进步奖一等奖，为第一完成人；2005年，"迈卢特盆地快速发现大油田的配套技术和实践"获国家科学技术进步奖二等奖，为第一完成者。

1986年，国家人事部授予"国家中青年突出贡献专家"称号；1991年，中国石油天然气总公司授予"石油工业有突出贡献科技专家"称号；2003年，获孙越崎能源科学技术奖第十二届能源大奖；2005年，获李四光地质科学奖和何梁何利科学与技术进步奖。

前言

华夏自古多英杰，丹心处处耀神州。习近平总书记高度评价两院院士是"国家的财富、人民的骄傲、民族的光荣"。两院院士是科学家的杰出代表，在 2020 年 9 月科学家座谈会上，总书记指出：科学家精神是科技工作者在长期科学实践中积累的宝贵精神财富。2019 年 5 月，党中央专门出台《关于进一步弘扬科学家精神加强作风和学风建设的意见》，要求大力弘扬胸怀祖国、服务人民的爱国精神，勇攀高峰、敢为人先的创新精神，追求真理、严谨治学的求实精神，淡泊名利、潜心研究的奉献精神，集智攻关、团结协作的协同精神，甘为人梯、奖掖后学的育人精神。

一部艰难创业史，无数精英谱华章。在我国油气工业发展历程中，群星荟萃，鸿儒辉映。中国石油勘探开发研究院培养造就了以 19 名中国科学院、中国工程院两院院士为代表的一大批国内外知名专家，打造了一支敬业奉献、开拓创新的科技人才队伍，为中国石油事业发展提供了不竭的智力支撑。他们为祖国油气工业发展做出了彪炳史册的重大贡献。本次出版画传的李德生、翟光明、郭尚平、戴金星、胡见义、邱中建、韩大匡、童晓光 8 位资深院士，是我国油气勘探开发领域杰出的科学家。他们胸怀深厚的爱国主义情怀，凭借精湛的学术造诣、宽广的科学视野，艰辛探索创新油气地质与开发理论技术，发挥科技引擎作用，推动重大油气发现与大油气田开发，充分展现了科学家精神和石油精神，谱写出一曲"我为祖国献石油"的豪迈壮歌。

  人无精神不立，国无精神不强。科学成就离不开科学家精神支撑。弘扬科学家精神，做新时代追梦人，是新时代赋予我们的历史使命。编撰资深石油院士画传，是传承科学家精神的重要载体，也是尊重知识、尊重人才的重要体现，更是学习党史、中国革命史、新中国史、改革开放史和石油工业史的最直接抓手。中国石油勘探开发研究院组织编写出版资深院士画传，以丰富的照片、感人的故事、珍贵的历史画面，展现石油院士们科技报国科技献油的学术贡献、促进油气发展的主要成就、攻坚克难创新的理论技术、不懈追求奉献智慧的幸福人生。宁肯心血熬干，也要高产稳产，寄托科技梦想；无畏早生华发，引得油气欢唱，奏响盛世华章。每位资深院士的画传，精选了 300 幅左右照片，生动再现了他们青少年时期刻苦学习笃学致远、工作后科学报国星光闪耀、精心育人桃李满园、亲情友情岁月如歌、精彩人生大事记录等丰富内容。画传多角度、立体性、画卷式展示了院士们的高超学术造诣、卓越贡献、高尚品德和精彩生活。

  奋进新时代，阔步新征程。站在"两个一百年"奋斗目标的历史交汇点，以习近平同志为核心的党中央，高瞻远瞩、运筹帷幄，把石油天然气等关键核心技术的全面攻坚摆在国家急迫需要和长远需求的首要位置，提出了建设世界科技强国、实现高水平科技自立自强的总要求。我们广大科技工作者要传承弘扬科学家精神，以与时俱进的精神、革故鼎新的勇气、坚韧不拔的定力，坚持"四个面向"，把握大势、抢占先机，直面问题、迎难而上，勤于创造、勇于奋斗，乘风破浪、开拓进取，肩负起时代赋予的重任，在新的伟大征程上书写新的奋斗史诗，为实现中华民族伟大复兴的中国梦贡献石油科技力量！

中国石油勘探开发研究院
2021 年 11 月

石油隱士系列叢書

目录

第一部分	笃学致远	3
第二部分	奉献石油	15
第三部分	桃李满园	69
第四部分	岁月如歌	87
大事记		105

石油院士系列丛书

1935年4月，童晓光院士出生于浙江省绍兴市嵊县（1995年改名为嵊州市）下王村。绍兴，物华天宝、人杰地灵。童晓光的父亲童富正年轻时经商为生，历任城关镇军属委员会主任、抚恤委员会主任、城关镇人民代表大会委员、居委会主任，后任城关镇西山公墓创始人、主任；母亲周馀仙知书达理、勤劳善良，育有四子二女。受家庭影响，童晓光、二哥童晓生、大姐童惠心均参加革命。父母非常重视子女教育和爱国情怀培养，即使在动荡年代，也绝不放弃子女学业。1940年2月至1949年1月，小本经营的父亲带着他四处漂泊，在动荡中辗转6个小学才完成小学学业。

1949年2月至1951年3月，童晓光在浙江嵊县中学就读，1951年4月7日应征入伍，进入华东军区。1953年曾随部队开赴鸭绿江边，准备赴朝鲜战场，后因停战协定签订，撤回驻地。

1954年1月复员，先后在浙江省军转干部速成中学二分校和杭州市花纱布公司工作。1955年9月，经组织推荐考入南京大学地质系；1959年9月，保送南京大学地质系四年制硕士研究生，师从郭令智教授；1964年7月，研究生毕业。

1. 1955年10月1日，与大学同学在南京燕子矶合影（左3童晓光）
2. 1955年11月16日，与大学同学在南京燕子矶合影（后排：童晓光）
3. 1958年7月，在南京大学拍照留念
4. 1959年7月，南京大学地质系毕业生留影（后排：左2童晓光）

南京大学地质系区域地质专业1959年全体毕业生摄影留念

1/2. 1963年5月，研究生期间照片

3. 1964年5月，研究生毕业答辩

皖南南陵县图

1. 2010年，童院士看望恩师郭令智，作回忆录——《郭令智老师是我学习的榜样》
2. 1964年3月，研究生毕业留影（第二排：左6 童晓光）

南京大学地质系研究生班欢送毕业生留念　一九六四年三月

1/2. 2020年，绍兴科技馆院士墙及童晓光院士画像

3. 2018年，摘自绍兴科协《名士之乡　院士风采》纪念邮册

4. 2021年4月，"童晓光院士学术成长经历"宣讲团在嵊州中学宣讲

5. 2021年4月，"童晓光院士学术成长经历"宣讲团在嵊州中学与学校、嵊州市科协、教育局领导合影

11

童晓光

1. 2021年，位于嵊州的旧居
2. 2021年，曾就读的下王村小学
3. 2021年4月，童晓光出生地嵊州下王村全景
4. 2021年，嵊州中学的院士林

石油院士系列叢書

四十年来，童晓光查阅资料、现场勘探、总结经验，提出了一系列创新性意见和建议，解决了我国石油勘探的多个难题，为我国的石油勘探拓宽了思路。抱着"为祖国找油"的坚定信念，从松辽平原、辽河两岸到黄土高原，从吐鲁番盆地到塔克拉玛干大沙漠，他跋山涉水、不辞劳苦，为搞清我国油气田分布规律和勘探方向作出了重要贡献。

童晓光院士是我国最早提出利用国外油气资源、跨国油气勘探开发的倡导者和实践者之一。20世纪90年代，他的脚步开始走向世界。从亚洲到非洲，从南美洲到大洋洲，他悉心研究世界石油的潜力，积极促进跨国油气开发，用自己的脚步引领着我国石油国际勘探的发展。

1. 1986年8月16日，做渤海湾盆地研究报告

2. 1986年10月，参加大陆边缘地质国际学术会议

3. 1988年，开创性提出"在世界范围内选择勘探开发目标"，并向中国石油天然气总公司提交书面报告

4. 1989年10月31日，喜看塔里木塔中1井油样（左1王炳诚，右1童晓光，右2邱中建）

奉献石油

1. 1989年4月18日，主动请缨参加塔里木石油会战，任总地质师，主持勘探形势分析会议

2. 1989年12月，部署塔里木盆地轮南地区勘探工作

3. 1989年10月，在塔里木盆地沙漠腹地喷出高产油流的塔中1井现场

4. 1990年4月5日，在塔里木勘探技术座谈会上做大会发言

5. 1990年5月8日，在塔里木盆地开展野外地质考察

童晓光

1. 1990年9月4日，赴塔里木盆地油田现场途中
2. 1990年12月6日，在塔里木油田现场新春茶话会上发言
3. 1990年12月7日，与塔里木油田领导及技术专家合影（右4童晓光）

在塔里木创建第二个大庆油田而奋斗

1. 1991年6月5日,赴塔里木盆地井场途中

2. 1991年7月13日,在塔里木盆地与邱中建院士合影

3. 1991年8月4日,在塔里木盆地开展地质研究

4. 1991年10月12日,塔里木探区首届科技进步大会合影(前排:右3童晓光)

5. 1991年11月16日，在塔里木盆地开展石油地质研究
6. 1991年11月，塔里木石油会战留念（第二排：左12童晓光）

庆祝塔里木石油会战20周年合影留念　2009.4.10

1. 2009年4月，参加庆祝塔里木石油会战20周年活动合影留念（前排：右3童晓光）
2. 1991年4月，出访日本
3. 1991年12月6日，参加云南省油气勘探研讨会

1/2. 1992年3月，赴巴基斯坦野外考察

3. 1992年3月，与巴基斯坦地质专家讨论

4/5. 1992年6月，在塔里木盆地柯深1井井场

6. 1992年7月3日，在塔里木沙漠公路0公里处留念

童晓光

1/2. 1993年3月，在美国钻井平台上考察

3. 1993年3月30日，陪同时任中国石油天然气总公司总经理王涛出访美国

4. 1993年3月31日，在美国参观哈里伯顿公司的先进仪器设备（左1童晓光）

1. 1993年5月12日，在美国阿科石油公司开展技术交流
2. 1993年8月，考察厄瓜多尔滨太平洋Penis稠油项目
3. 1994年3月2日，参加AAPG国际会议合影留念（左2童晓光）
4. 1994年5月，在德士古北海油田考察
5. 1994年5月，参加哈萨克斯坦阿拉木图国际石油展览会合影留念（左3童晓光）

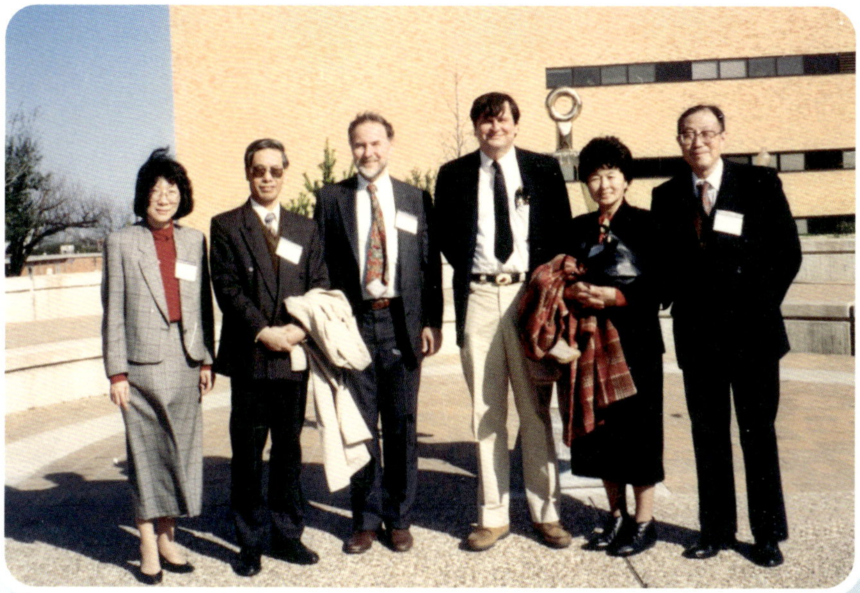

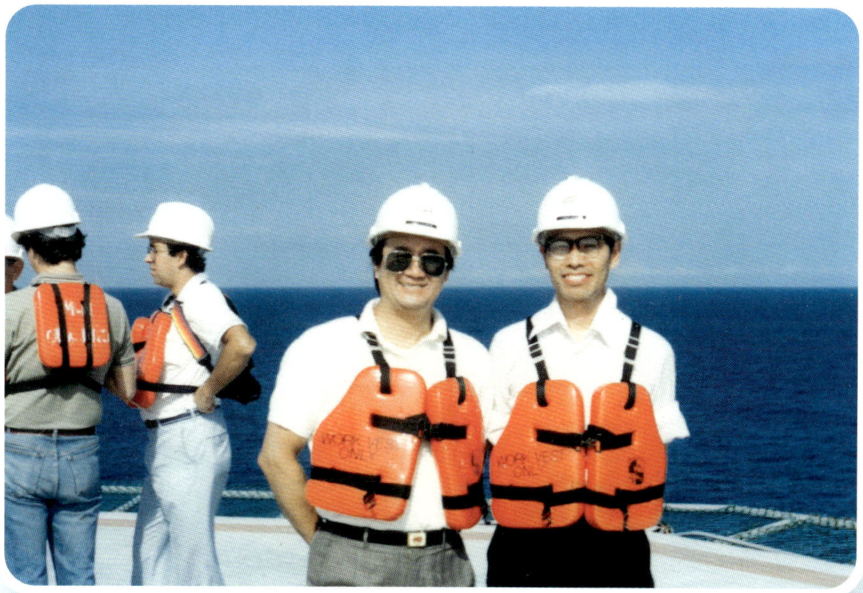

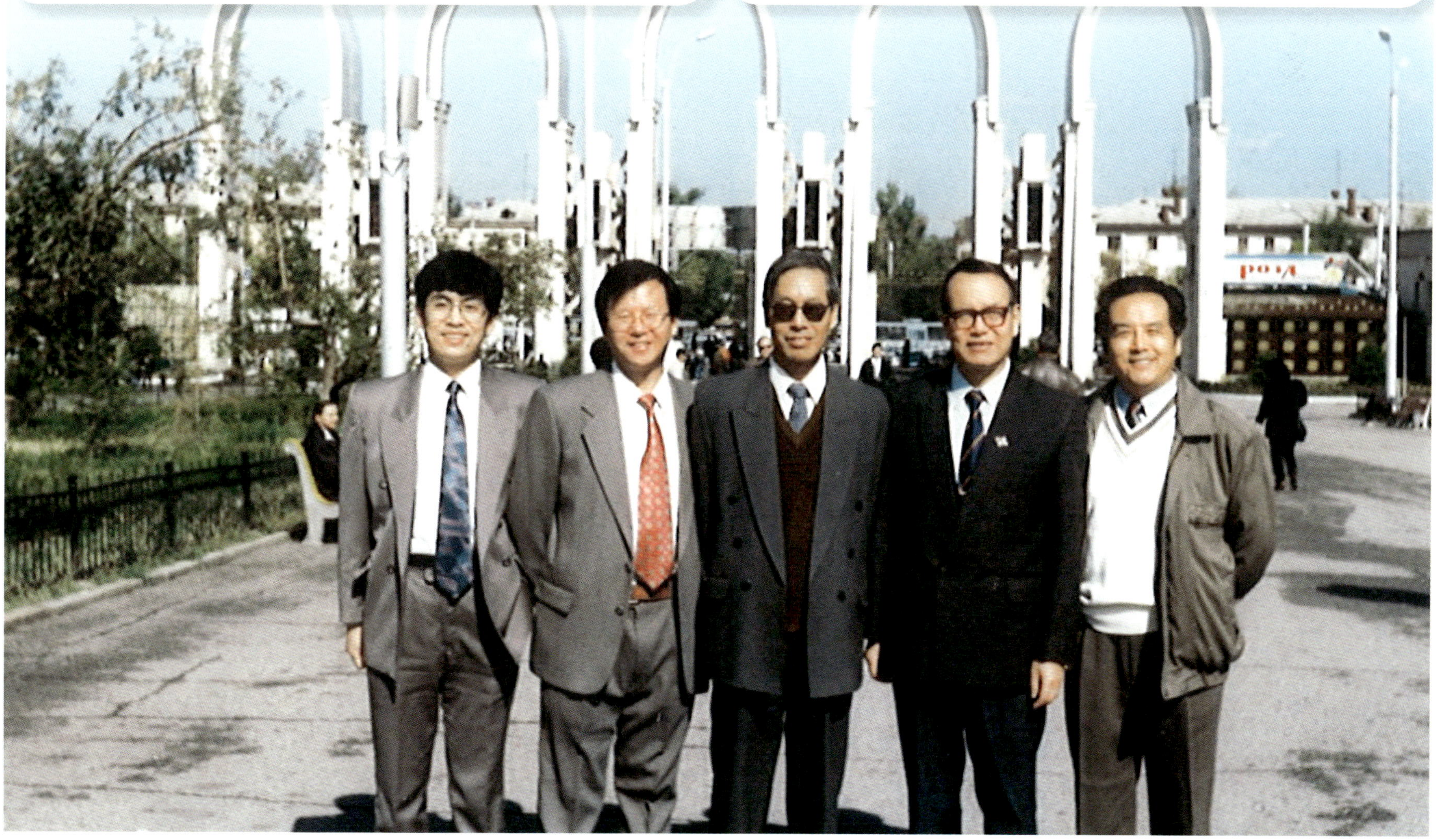

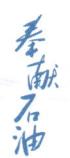

1. 1994年7月，考察哈萨克斯坦乌拉尔项目（右1童晓光）

2. 1995年6月，与美国公司讨论巴布亚新几内亚项目转让事宜（左3童晓光）

3. 1995年6月，在巴布亚新几内亚Ksmusi-1钻井现场

4/5. 1996年5月23日，参加AAPG国际会议合影留念

6. 1996年6月，南美苏里南沿海油田考察

7. 1996年6月，与厄瓜多尔石油部长讨论油气合作

1. 1996年12月，在埃及J区块野外地质考察

2. 1997年5月，与新西兰石油公司开展技术交流

3. 1997年5月，在新西兰海岸野外地质考察

4. 1998年8月18日，与石油勘探开发科学研究院专家合影（右2童晓光）

5. 1998年8月，在印度野外地质考察

6. 1999年5月，在伊朗野外地质考察

1. 1999年12月，参观苏丹黑格里格联合站
2. 1999年12月，在苏丹124区现场考察
3. 1999年12月，近距离观察乌干达艾伯特湖水面上含油气泡
4. 1999年12月，考察乌干达艾伯特湖油气地质条件

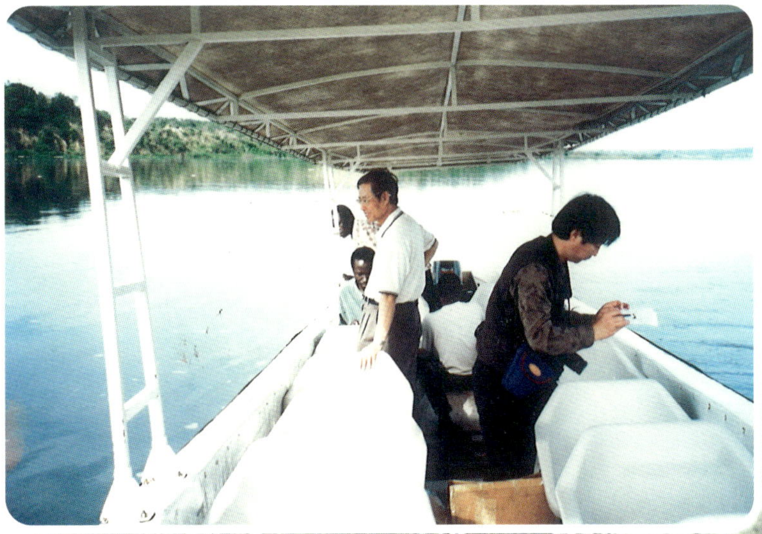

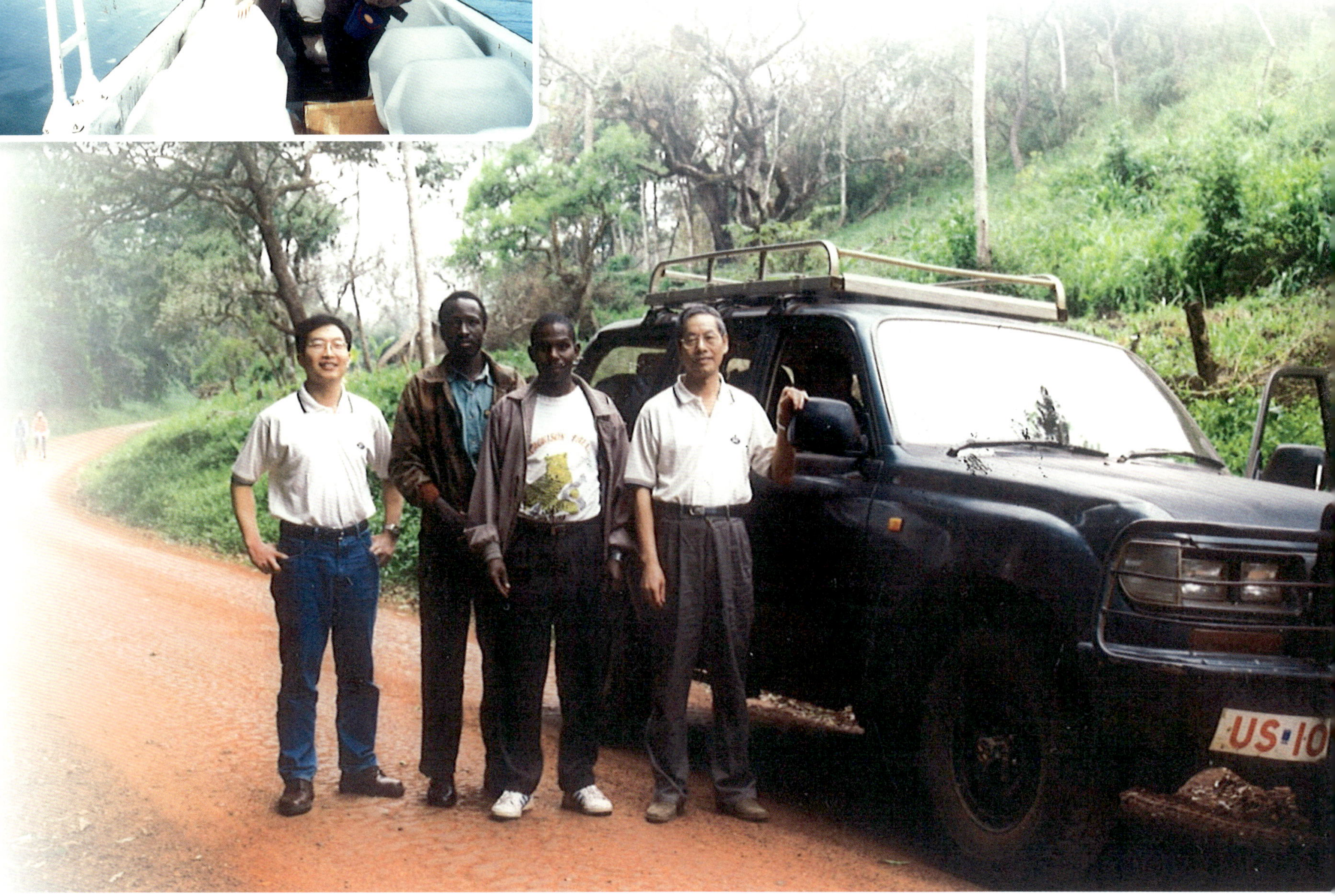

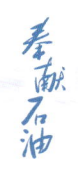

1. 2000年3月25日，与土库曼斯坦石油地质专家讨论油气合作（右2童晓光）

2. 2000年12月，与尼日尔石油部长讨论石油项目合作（左2童晓光）

3. 2001年1月，拜会尼日尔总统讨论石油合作（左2童晓光）

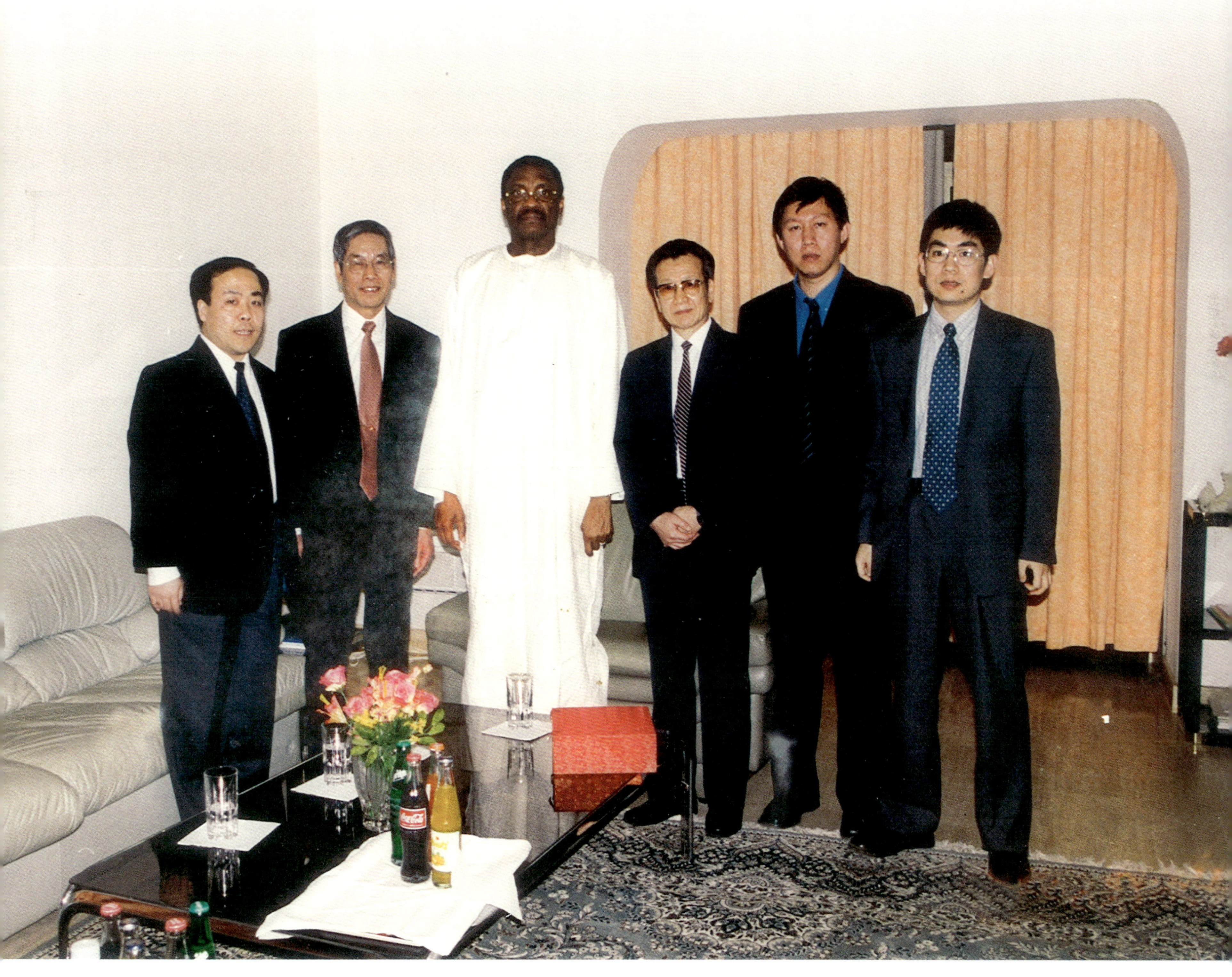

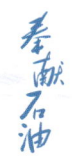

1	2
3	4

1. 2001年7月，在哈萨克斯坦阿克纠宾公司原油外输现场（右2童晓光）

2/3. 2001年10月，与缅甸石油部长讨论油气合作（图3：左2童晓光）

4. 2001年11月，与专家讨论泰国石油合作项目（左4童晓光）

5	6
7	8

5. 2002年4月15日，在委内瑞拉卡莱高莱斯油田现场考察

6. 2002年4月17日，在委内瑞拉马拉开波湖钻井平台考察（左2童晓光）

7. 2002年5月，赴哈萨克斯坦开展项目谈判（左3童晓光）

8. 2002年5月，会见吉尔吉斯斯坦国家石油总公司K.M.Ismanov总裁

1/2. 2002年5月，中亚油气合作谈判成员合影留念

3. 2002年5月，赴苏丹3/7区现场指导工作（左1童晓光）

4. 2002年7月，在苏丹1/2/4区岩心库观察岩样（左3童晓光）

5. 2002年7月，在苏丹3/7区现场考察（前排：左3童晓光）

6. 2002年7月，在苏丹3/7区Adar-2井场考察（左1童晓光）

1. 2002年8月25日，在苏丹1/2/4区至苏丹港输油管道纪念碑前留影（左2童晓光）
2. 2002年9月，考察吉尔吉斯斯坦石油地质条件（左3童晓光）

3	4	5
6		

3. 2003年，获国家科学技术进步奖一等奖

4. 2003年，获孙越崎能源科学技术奖第十二届能源大奖

5. 2005年，获国家科学技术进步奖二等奖

6. 2004年11月，研究苏丹勘探部署

1. 2004年11月22日，与海外中心专家一起参加苏丹1/2/4区勘探开发研讨会（左3童晓光）

2. 2005年，当选为中国工程院院士

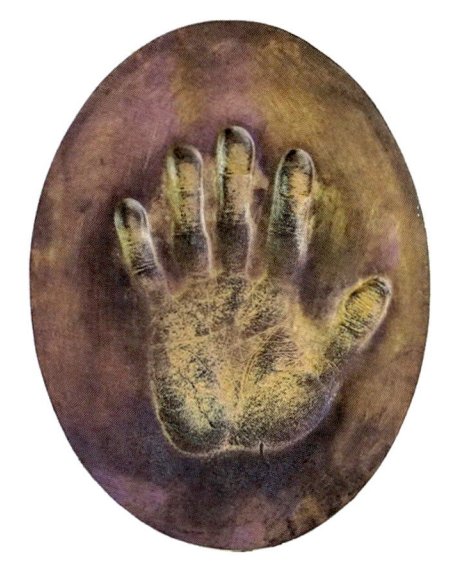

勇于实践 实事求是

勤于思考 开拓创新

善于总结 奋斗一生

童晓光

48

1. 2006年4月，参加中国能源战略研究中心第一次会议（前排：左3童晓光）
2. 2006年5月，乘坐小飞机赴苏丹3/7区现场途中
3. 2007年3月，赴乍得现场指导勘探工作（前排：左3童晓光）
4. 2007年5月8日，马达加斯加野外地质考察途中

中油国际（尼罗）公司首届勘探战略研讨会代表合影

1. 2007年7月，参加中油国际（尼罗）公司首届勘探战略研讨会（前排：左6童晓光）

2. 2007年7月，出席乍得炼厂选址奠基仪式（前排：左4童晓光）

3. 2007年12月29日，全球油气资源评价研究股份公司重大专项启动会（前排：左1童晓光）

1. 2009年8月，主持中国石油天然气股份公司重大专项"全球油气资源评价研究"一期外协课题验收会议

2. 2009年11月，在浙江大学参加"全球含油气盆地构造研究"项目中期检查会

3. 2009年12月16日，在苏丹钻井井场（左3童晓光）

4. 2010年4月，主持中国石油重大专项"全球油气资源评价研究"阶段工作检查会议

5. 2010年5月，在苏丹尼罗河公司现场讲课并指导工作

6. 2010年9月，国外出差途经法兰克福机场转机

7. 2010年9月，国外出差途中

童晓光

1. 2010年9月，在西班牙野外地质考察
2. 2010年10月，在马达加斯加塔那那利佛交流
3. 2010年11月，在马达加斯加塔那那利佛开展野外地质考察（左3童晓光）

尼罗河公司2010年勘探形势分析会

1. 2010年11月，参加尼罗河公司2010年勘探形势分析会，并现场指导工作

2. 2010年11月，听取尼罗河公司勘探形势汇报，并与贾承造院士讨论

3. 2010年，参加尼罗河公司2010年勘探形势分析会，与获奖者合影（右5童晓光）

4. 2010年11月，尼罗河公司2010年勘探形势分析会合影（前排：右6童晓光）

1/2. 2010年11月，童晓光、贾承造院士赴乍得指导勘探工作并为BGP乍得支持组揭牌

3. 2010年11月，参加乍得项目勘探咨询会并现场指导工作（前排：左4童晓光，左5贾承造）

4	5
	6

4. 2010年11月，赴乍得炼厂考察

5. 2010年11月，乘坐小飞机自乍得飞往尼日尔（左1童晓光）

6. 2010年11月，听取尼日尔项目勘探形势汇报（右1童晓光）

童晓光

1. 2011年9月，在加拿大哥伦比亚冰原开展地质考察
2. 2011年9月21日，在委内瑞拉马岛考察
3. 2011年9月26日，在厄瓜多尔野外地质考察

国家科技重大专项项目28（全球剩余油气资源研究及油气资产快速评价技术）实施推进会

the remaining
reserve of

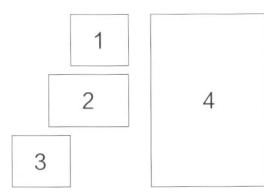

1. 2012年3月，主持国家科技重大专项项目《全球剩余油气资源研究及油气资产快速评价技术》实施推进会

2. 2012年8月，赴塔里木盆地富满油田调研

3. 2012年11月，主持第18届国际地球化学会议（AAPG）

4. 2013年12月12日，在印度尼西亚惹婆罗浮屠考察

童晓光

1. 2013年12月12日，在惹普兰班南考察

2. 2013年12月14日，在巴厘岛考察

3. 2017年9月，参加巴西第三轮盐下招标区块专家审查会

1. 2017年11月，参加《全球油气勘探形势及油公司动态》发布会

2. 2018年6月，参加巴西第四轮盐下招标区块专家审查会

3. 2019年7月，看望原石油工业部部长王涛

4. 2019年10月，获得"庆祝中华人民共和国成立70周年"纪念章

5. 2021年4月，童院士在办公室

庆祝中华人民共和国成立70周年

奉献石油

67

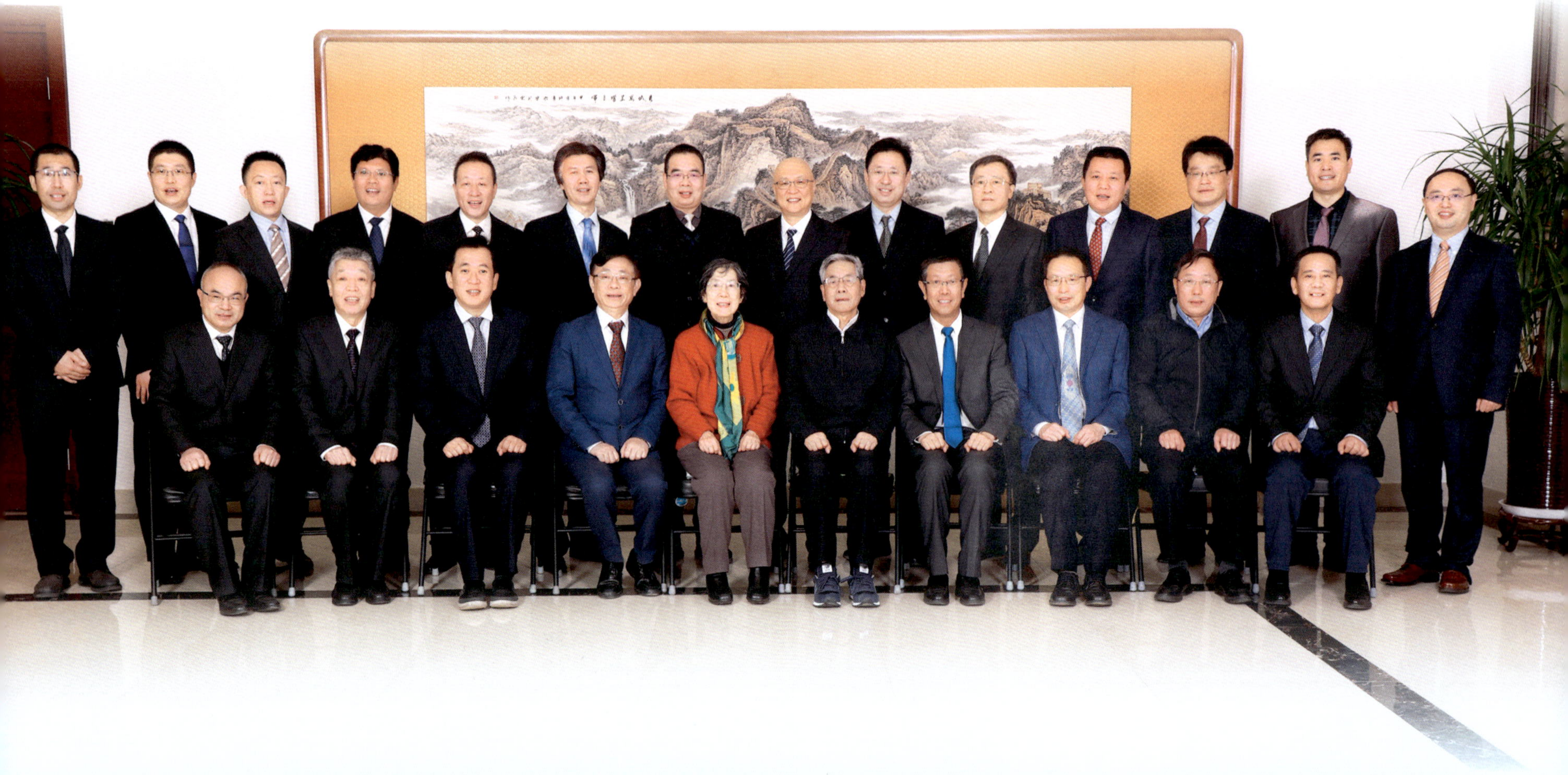

石油院士系列叢書

1979年，从辽河油田调往石油勘探开发科学研究院之后，童晓光有更多机会参与理论和学术研究，80年代即以导师组的形式与胡见义等导师一起培养硕士研究生。后因参加塔里木石油会战与海外油气勘探，工作繁忙，暂停研究生培养。2006年，在中国石油勘探开发研究院开始招收博士后，2007年，在勘探院和中国石油大学（北京）开始招收博士研究生。共培养博士后7名，博士生10名，硕士生2名，童院士对学生在生活上关心照顾，在学术上高标准、严要求，培养的学生基础扎实，多数很快成长为石油专家、骨干。

此外，童晓光院士始终秉承传道、授业、解惑的思想，非常重视海外年轻人的培养，作为海外油气勘探的先驱者之一，他在实践中培养、锻炼了一大批勘探专家。

童晓光院士曾说："一个人的生命毕竟有限，我无法增加生命的长度，但是我可以增加其厚度——把我的经验传授给更多年轻人。"

1. 1986年4月,带领学生参加中国油气藏学术讨论会(后排:左2童晓光,右2胡见义)
2. 1986年6月,与胡见义及硕士生牛嘉玉合影(左起:童晓光、牛嘉玉、胡见义)

桃李满园

1. 20世纪初，出版的多部专著，指导海外油气合作

2. 2003年，与年轻人分析勘探资料

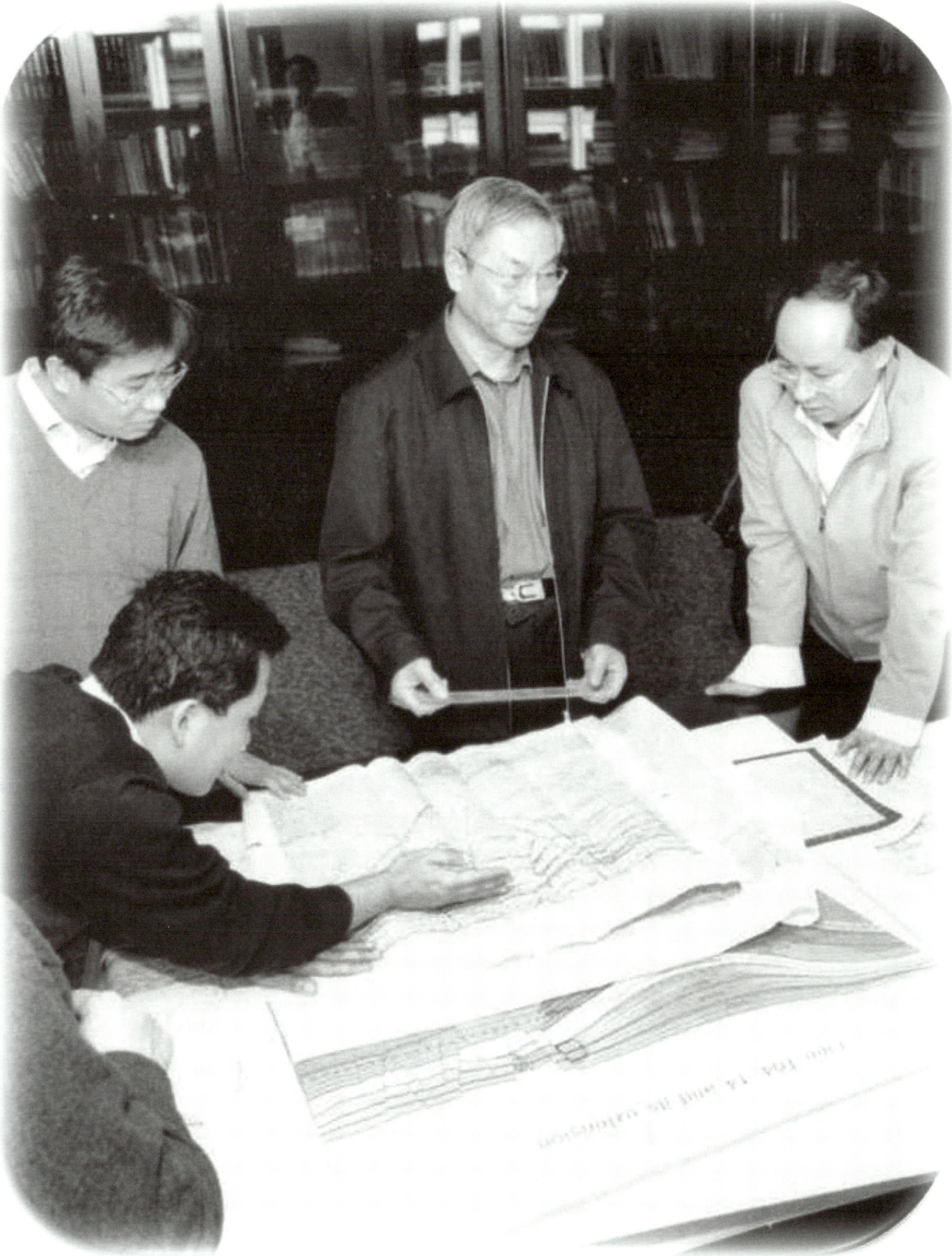

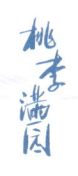

童晓光

1. 2007年4月，与中国石油大学（北京）学生合影

2. 2007年4月，与博士生赵林在中国石油大学（北京）合影

3. 2010年5月，参加2007级博士生赵林论文答辩

4. 2010年7月，与2007级博士生李浩武毕业合影

5. 2010年，与夫人出席学生李浩武婚礼

中国石油勘探开发研究院博士后出站报告会

1. 2011级赵健博士后出站答辩会，童院士及评委专家合影
2. 2013年6月，指导2007级博士后郭建宇
3. 2013年教师节，部分学生与童院士在CNODC办公室合影

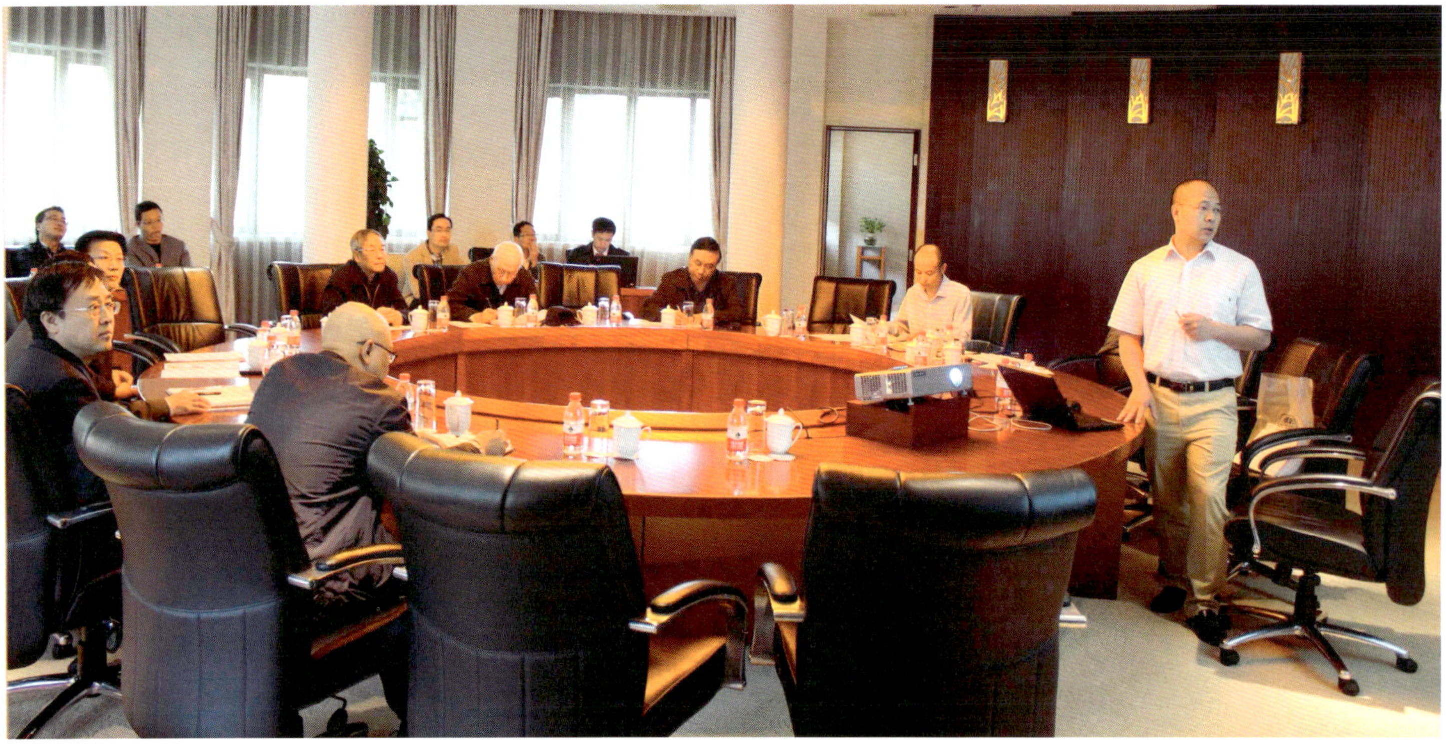

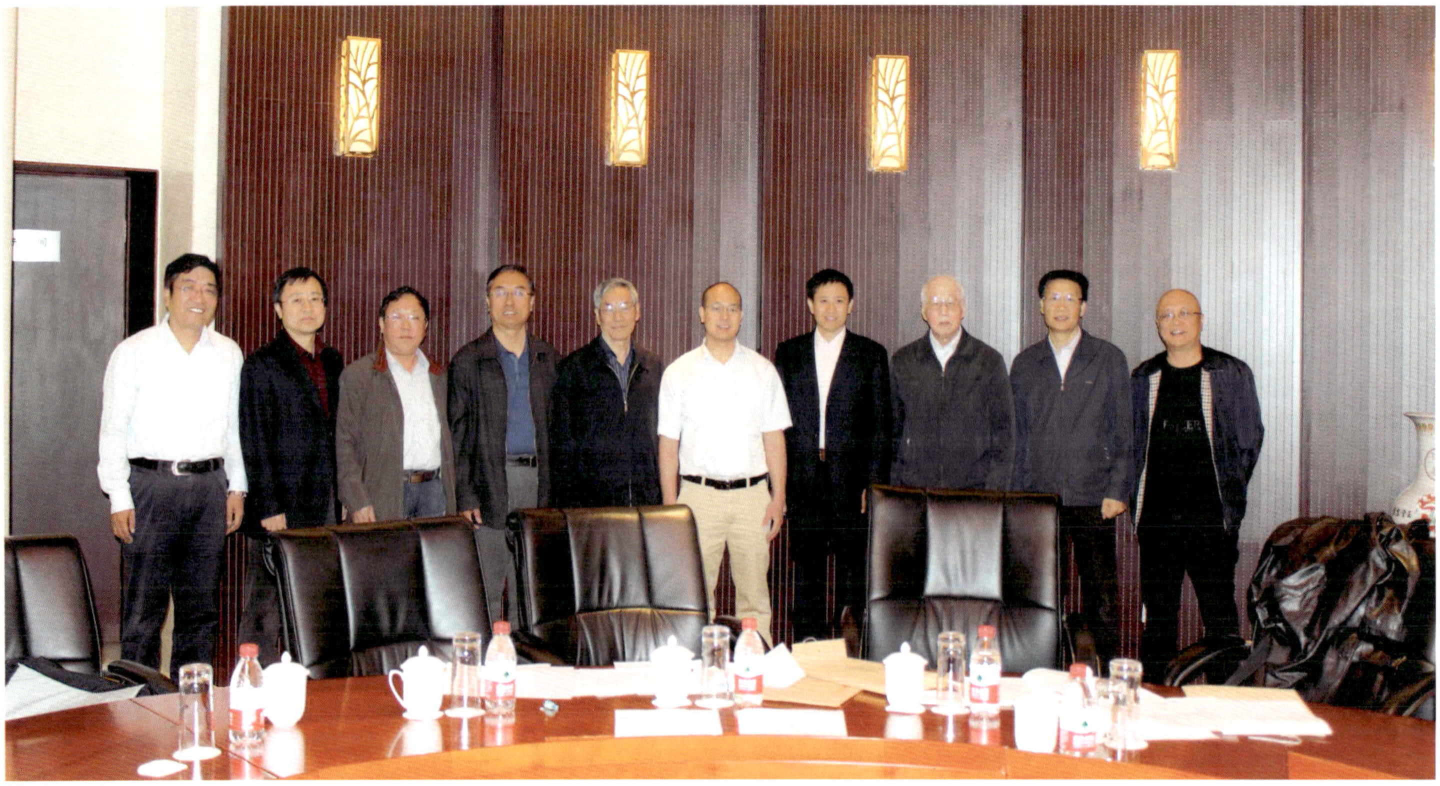

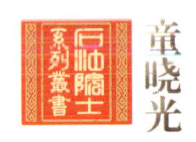

1	3
2	4

1/2. 2014年5月，参加赵文智院士的博士生贺正军毕业答辩

3. 2014年5月，参加2012级客伟利博士后出站答辩

4. 2015年5月，参加2012级孙相灿博士答辩

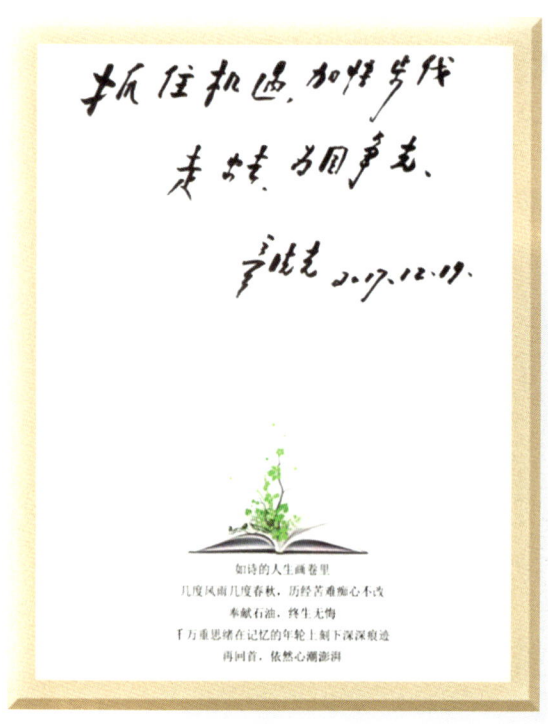

1. 2017年12月，指导年轻人开展学术研究工作
2. 2017年12月19日，给青年人寄语
3. 2019年教师节，部分已毕业同学到家中看望童院士

2021年4月，与部分学生代表在办公室合影

1	2
3	4

1. 2021年，参观院士墙

2. 2021年，与同事窦立荣合影

3. 2021年，与弟子牛嘉玉合影

4. 2021年，与弟子何登发合影

| 5 | 6 |
| 7 | 8 |

5. 2021年，与同事潘校华合影

6. 2021年，与同事计智锋合影

7. 2021年，与同事史卜庆合影

8. 2021年，与同事王红军合影

1. 2021年，与同事万仑坤合影

2. 2021年，与同事吴亚东合影

3. 2021年，与同事张志伟合影

4. 2021年，与同事肖坤业合影

| 5 | 6 |
| 7 | 8 |

5. 2021年，与同事张光亚合影

6. 2021年，与同事郑俊章合影

7. 2021年，与同事田作基合影

8. 2021年，与同事王建君合影

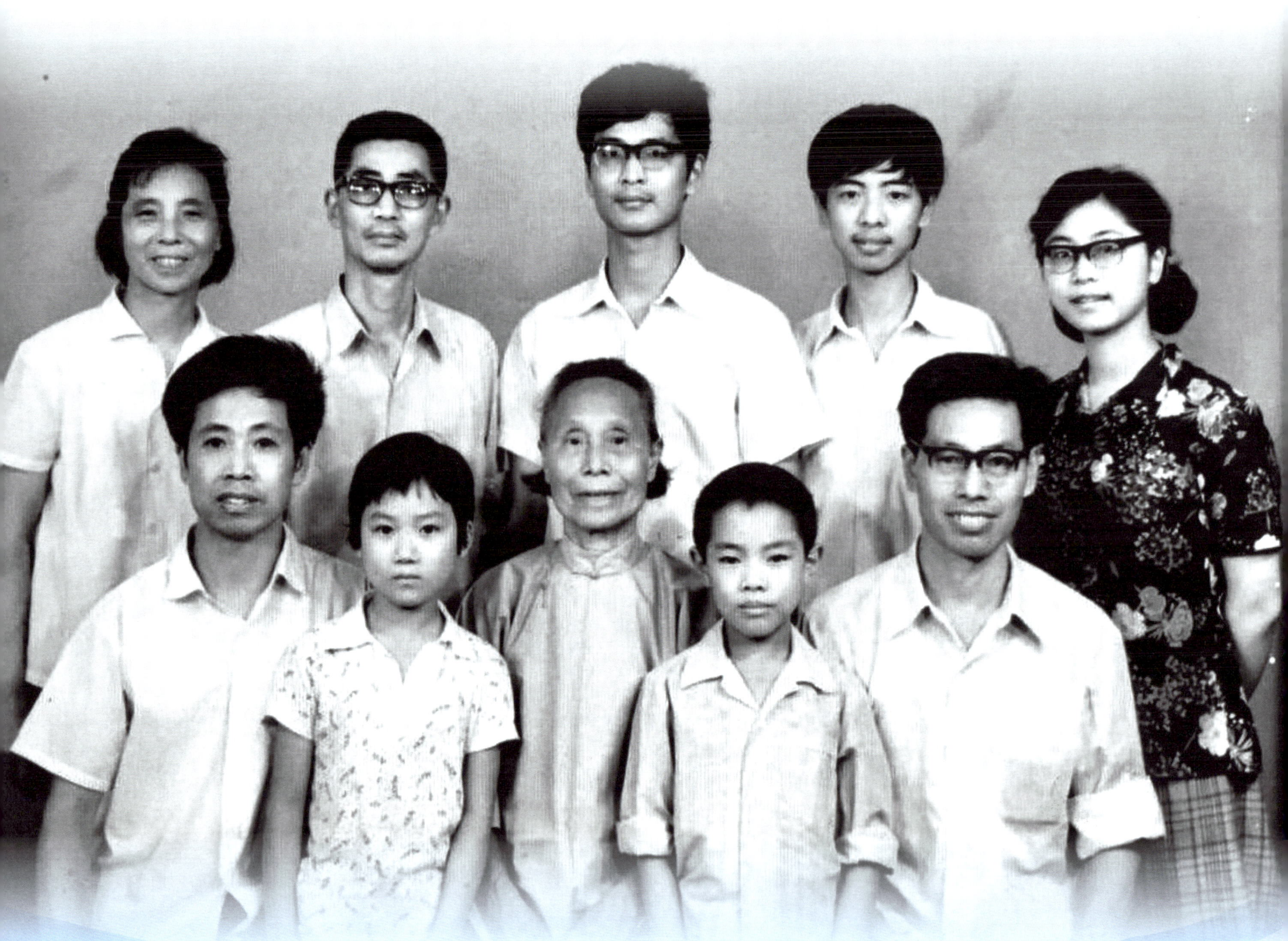

石油院士系列叢書

童晓光的家庭属于"舍小家为大家"的典范，夫人蒋湉毕业于南京大学，开始在文化部古建筑研究所工作，后放弃自己的专业和工作，随迁至辽河油田，因积劳成疾，不幸于1980年病逝。1983年，经人介绍，童晓光与现在的夫人尚甦组建了两子两女的大家庭。夫人尚甦研究生毕业于南京大学，工作上勤勤恳恳，在家庭上相夫教子。受父母影响，子女们在很小的时候就独立自强，他们在自己的岗位上像父亲一样刻苦努力、严谨认真。长孙女童艺则继承了爷爷的事业，光荣地成为一位"油三代"，接力唱响"我为祖国献石油"的伟大旋律。

童晓光

1/2. 父亲、母亲照片

3. 1967 年，与夫人蒋湉合影

4. 1981 年，与小儿子童帆合影

5. 1993 年，与家人合影

童晓光

1. 1985年，在石油勘探开发科学研究院西门留影

2. 1985年，与夫人尚甦合影

3. 1985年，夫人尚甦与两个女儿及小儿子合影

4. 1985年，与两个女儿及小儿子合影

5. 1985年，两个女儿合影

6. 1985年，两个儿子合影

1. 1991年5月，在塔里木油田工作时，业余时间打康乐球
2. 1992年2月，与孙女合影
3. 1992年2月，与大儿子和孙女合影
4. 1993年3月，与夫人尚甦在美国休斯敦

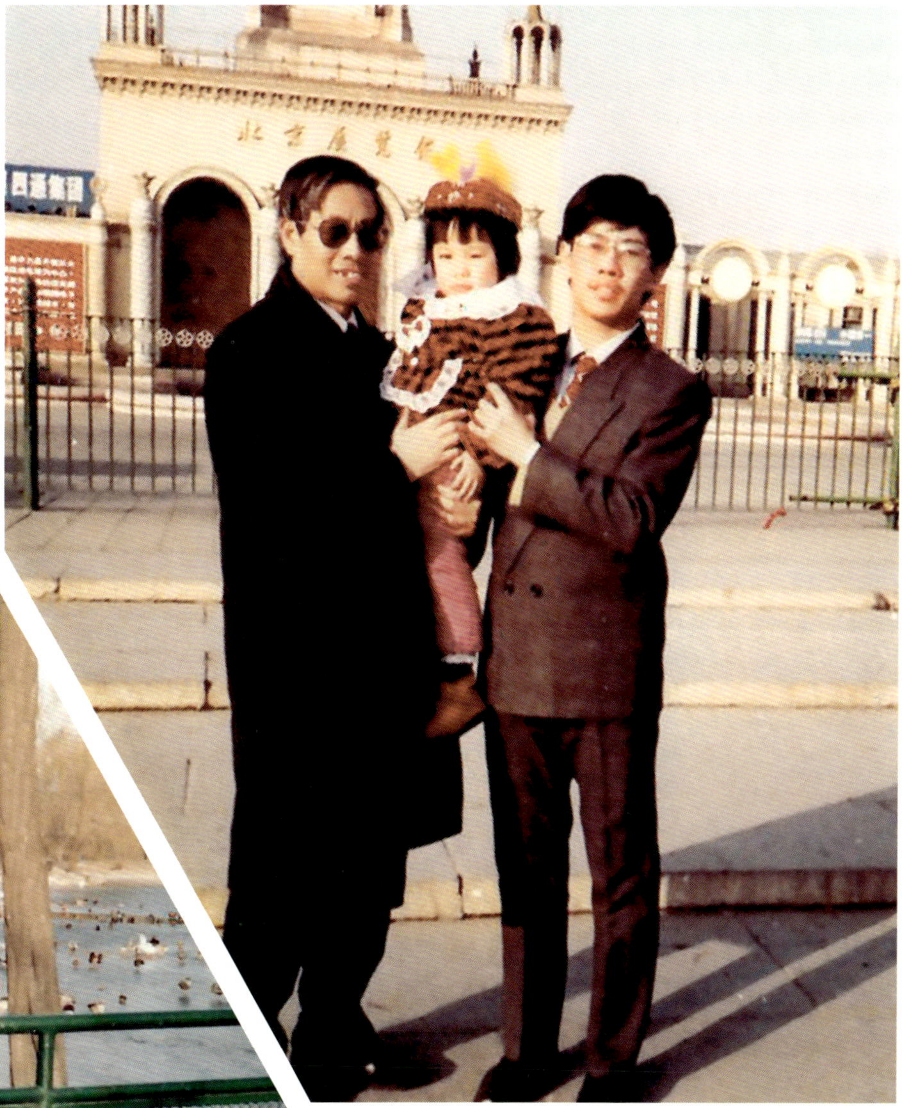
北京展览馆

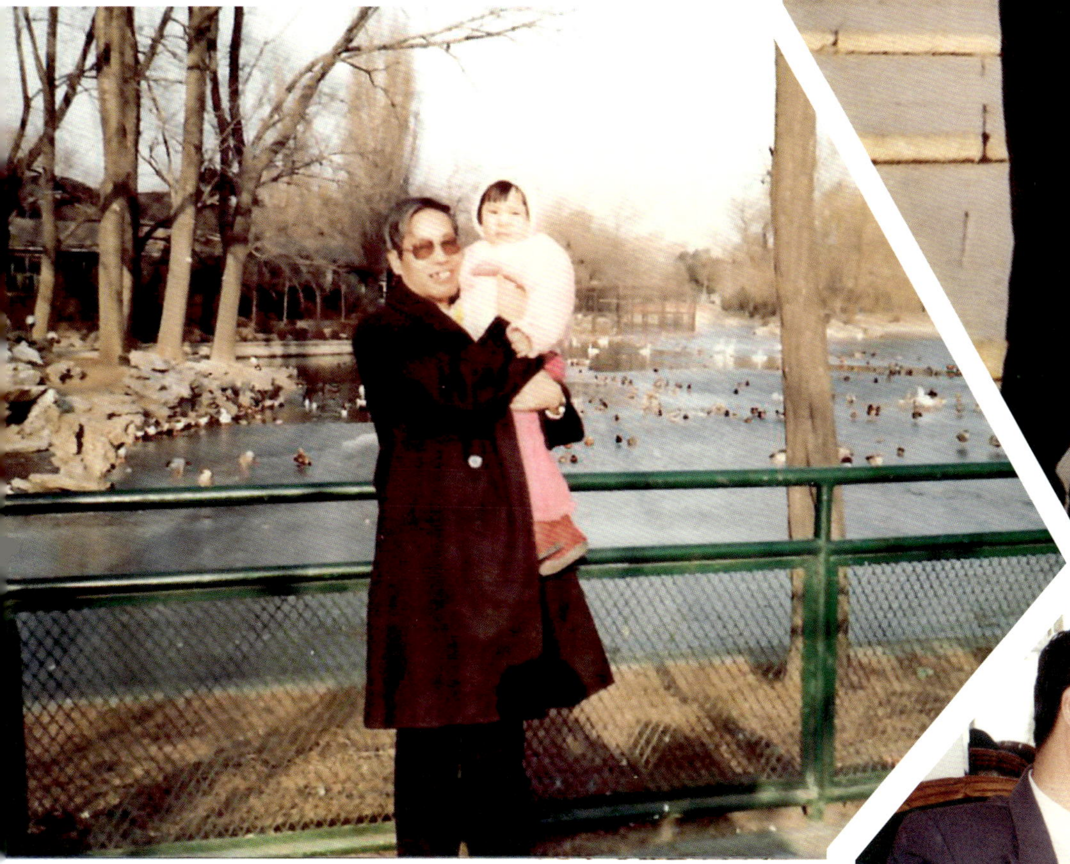

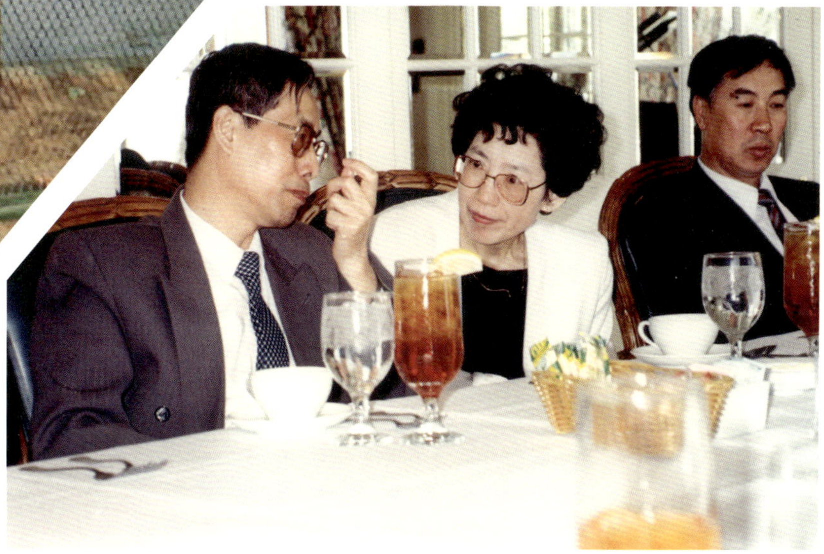

1. 1997年2月，打保龄球

2. 2002年12月，出访加拿大

3. 2004年10月，童晓光院士与其兄弟姐妹[右起：童晓光、童晓明（弟）、童晓声（二哥）、童国英（妹）和童秀英（姐）]

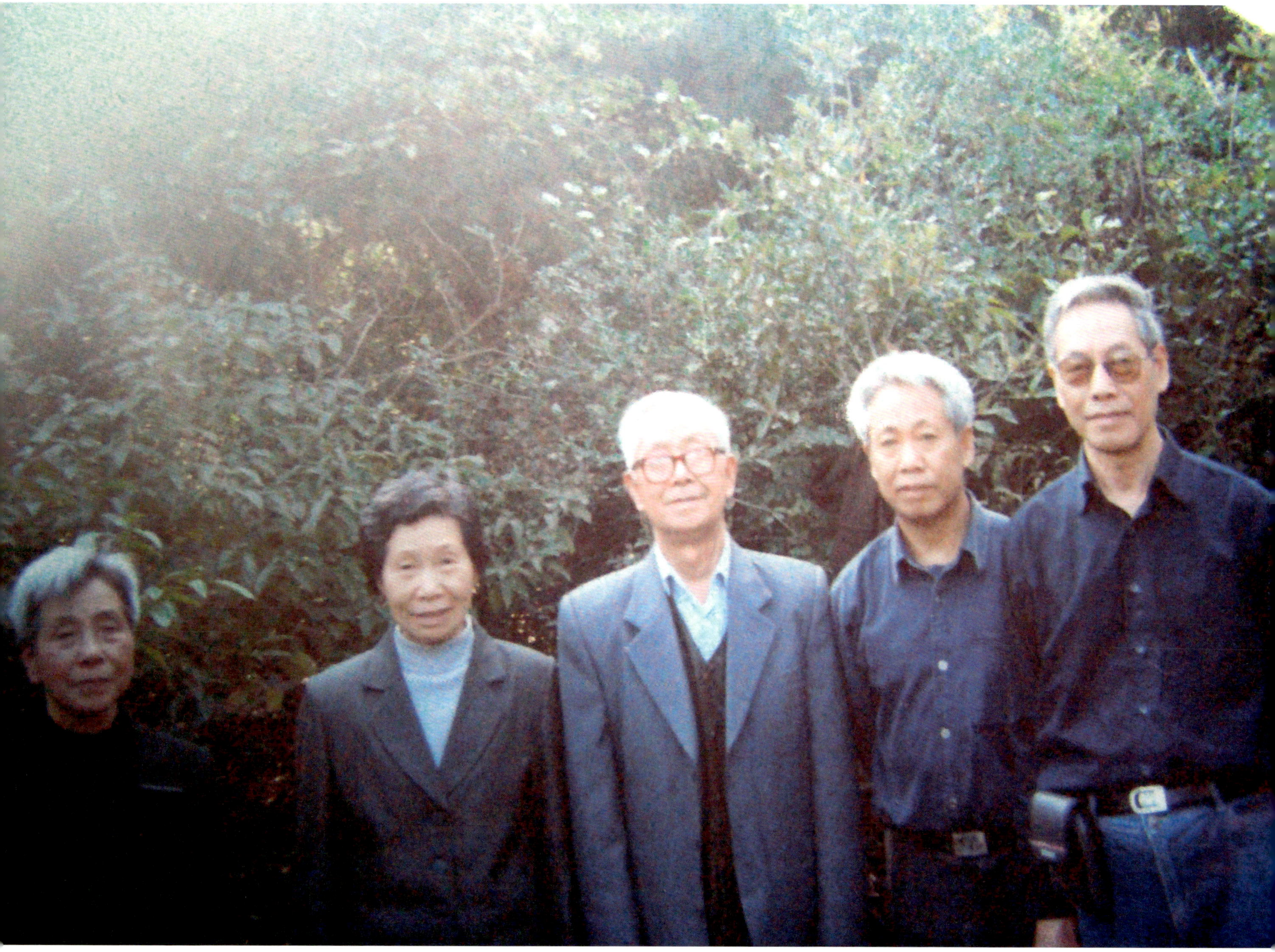

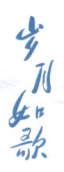

童曉光

1. 2009 年，与夫人尚甦游览长江三峡
2. 2010 年，与夫人在塔里木油田合影
3. 2011 年 8 月，与夫人在杭州

1/2. 2010年，家庭合影

3. 2010年7月，与家人在鸟巢合影

4. 2012年，与夫人尚甦在塔里木留影

岁月如歌

童晓光

| 1 | 2 |

1/2. 2012年,与夫人尚甦在塔里木留影

| 1 | 3 |
| 2 | 4 |

1. 2007年，与友人及大儿子童涵合影
2. 2021年，同事、弟子和家人为童晓光院士庆祝86岁生日
3. 2021年，与夫人在办公室合影
4. 2021年，家庭宴会合影

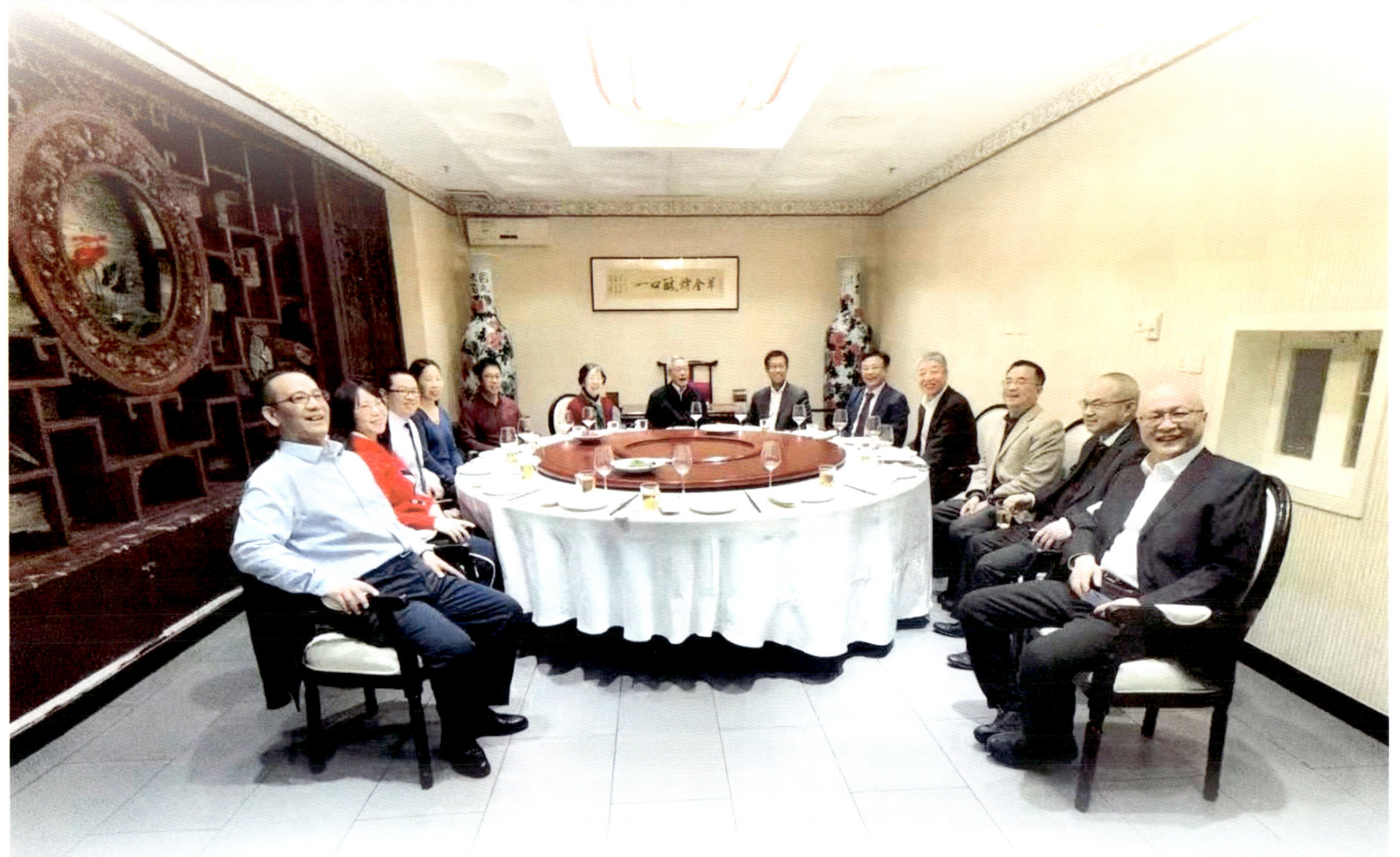

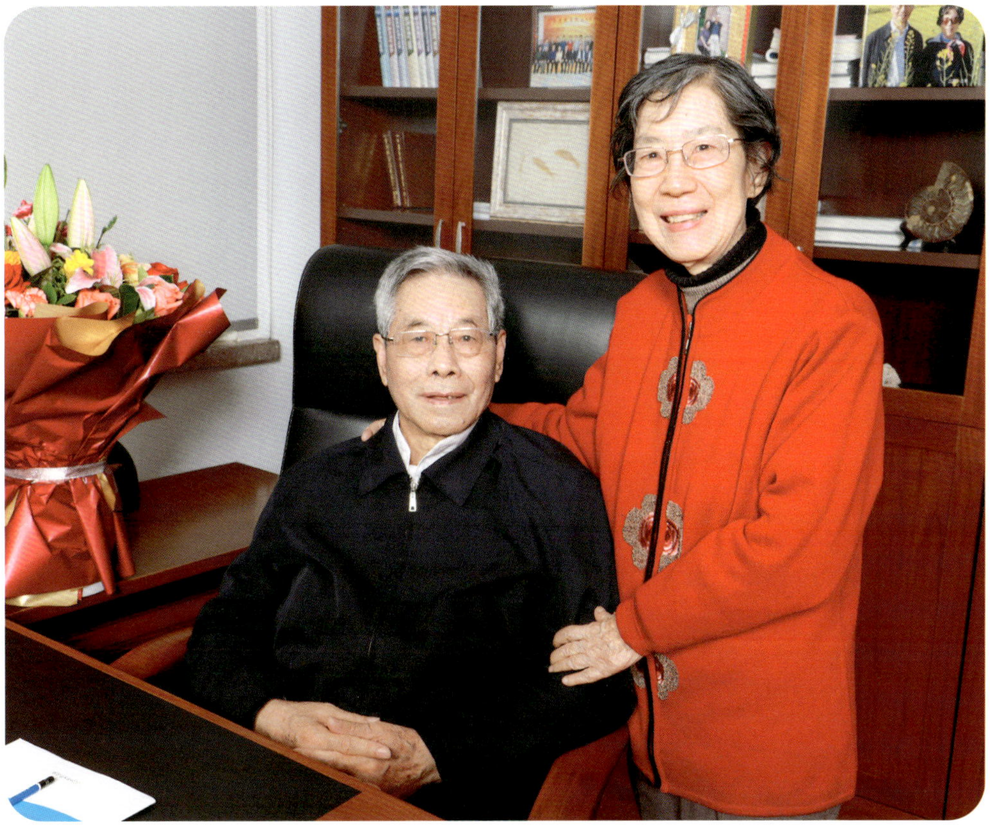

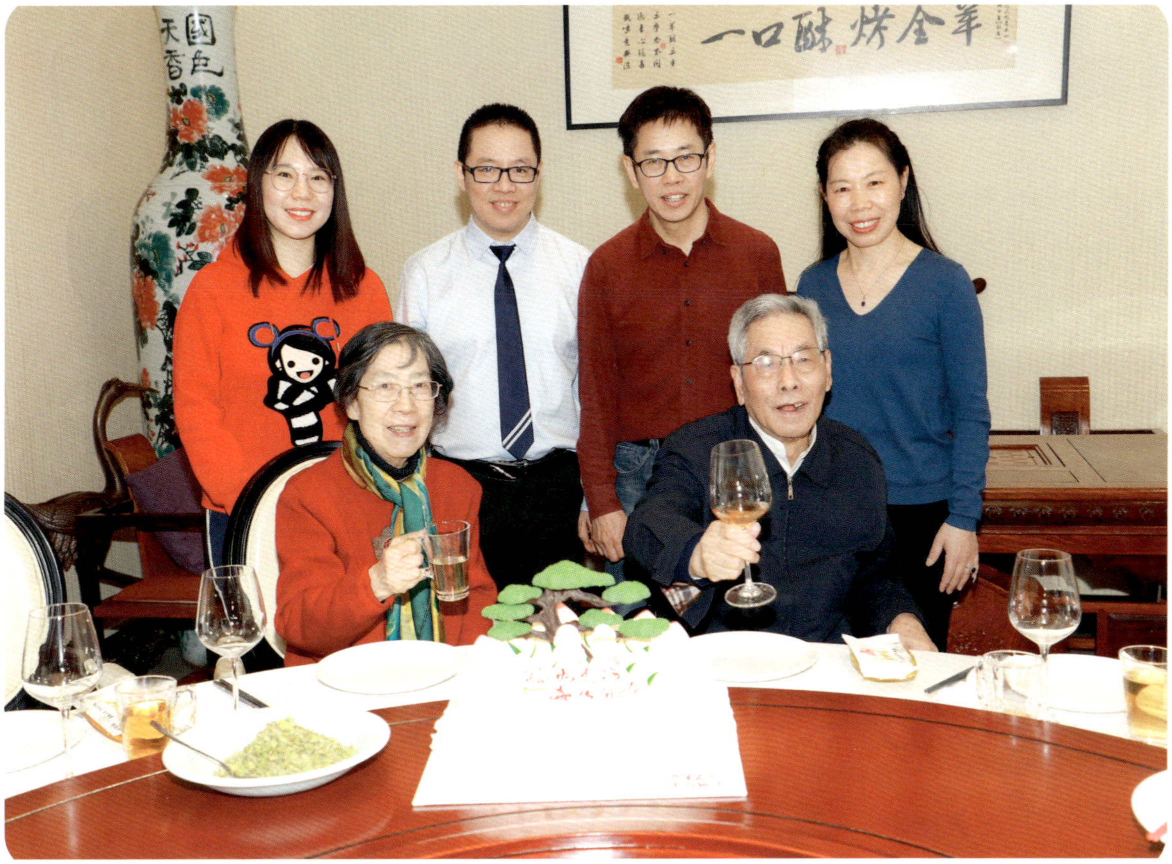
国色天香

2021年4月，与家人合影

大事记

- 1935年4月，出生于浙江省嵊县。

- 1940年2月—1949年1月，辗转读完小学，分别在浙江嵊县下王村养圣小学、浙江嵊县城区小学、浙江宁波梅西小学、浙江三门县南田鹤浦小学、浙江三门海游小学、浙江嵊县鹿山小学就读。

- 1949年2月—1951年3月，在浙江嵊县中学就读。

- 1951年4月7日，应征入伍，进入华东军区。

- 1952年10月—1953年12月，在浙江军区文化速成中学学习工作。

- 1953年，随部队开赴鸭绿江边，准备赴朝鲜战场，后因停战协定签订，撤回驻地。

- 1954年1月—1955年8月，复员，先后在浙江省专业干部速成学校和杭州市花纱布公司工作。

- 1955年9月，经组织推荐考入南京大学地质系。

- 1959年9月，保送南京大学地质系四年制硕士研究生，师从郭令智教授。

- 1964年7月，研究生毕业，分配到大庆油田研究院，任研究组长。

- 1966年5月19日，带领12名大学毕业生组成的小分队，踏上了辽河大地。

- 1966年8月，研究认为辽河坳陷是渤海湾盆地的一部分，具有很好的油气远景。

- 1966年12月，牵头提出辽河评价和部署方案，国家计划委员会听取石油工业部汇报后，决定由大庆油田派3个钻井队、2个试油队成立大庆六七三厂，1967年3月，约1000人开赴辽河。

- 1968年8月，代表六七三厂向大庆军管会汇报时，提出西部凹陷前景和潜力更大的观点，并要求派地震队做好西部凹陷的地调工作。经石油工业部安排，终于在1968年底由徐水六四六厂（物探局前身）派来了一个地震大队。

大事记

- 1969 年 9 月，与地震队解释组一起确定的西部凹陷兴隆台构造兴 1 井获得高产油流，石油工业部振奋不已，派出专家组来辽河油田调查。

- 1970 年，国务院决定进行辽河会战，以大港油田为主派数千人与六七三厂一起会战，并直属石油工业部领导。

- 1975 年 8 月，在辽河技术座谈会上提出西斜坡是一个地层型圈闭的大油田群的观点，预测资源量超过 10 亿吨。引起了辽河石油管理局和石油化学工业部领导的极大重视，康世恩亲临辽河油田听取汇报，并作出曙光会战的决定。

- 1977 年，与项目组一起完成了"辽河坳陷石油地质特征和油气分布规律"的报告，获得辽宁省科技成果一等奖。

- 1978 年，获全国科学大会奖、石油工业部报告奖，被评为"辽宁省先进科技工作者"。

- 1978 年 10 月，复查岩屑和曙 2 井地震剖面，认为可能存在古潜山油田，建议在曙 2 井场部署上钻曙古 1 井。

- 1979 年 2 月 12 日，曙古 1 井喷出日产超过 400 吨的高产油流，发现曙光古潜山油田。

- 1979 年 10 月，调往石油工业部石油勘探开发科学研究院，任主任地质师。

- 1980 年，曙古 1 井发现获"石油工业部油田发现奖"，为第一完成人。

- 1982—1983 年，参加了以胡见义副院长为项目长的课题研究，在无锡召开的全国隐蔽油藏学术会上，代表课题组向评委会作"中国东部地层岩性油藏研究"报告。

- 1983 年，《中国东部地层岩性油藏研究》获石油工业部科技进步一等奖，对中国的隐蔽油藏勘探起到了重要的促进和指导作用。

- 1982—1985 年，参加渤海湾盆地油气分布研究，代表课题组向评审专业组和评委会作"渤海湾盆地复式油气聚集（区）带的勘探理论和实践"报告。

- 1985 年，"渤海湾盆地复式油气聚集（区）带的勘探理论和实践"获国家科学技术进步奖特等奖，该项目对认识渤海湾盆地油气分布规律和勘探方向起到了非常重要的促进作用。

- 1986 年，被国家人事部授予"国家级有突出贡献中青年专家"称号。

- 1988 年，向中国石油天然气总公司领导提出跨国油气勘探开发建议。

- 1989 年 1 月 5 日，台参 1 井（1987 年 9 月 22 日开钻）在侏罗纪地层喜获工业油流，被誉为当年中国石油工业的"第一枝报春花"，并由此发现了鄯善油田。

- 1989 年 3 月 7 日，随中国石油天然气总公司领导来到了塔里木油田，担任塔里木勘探开发指挥部总地质师兼地质研究大队长、党总支书记。

- 1989 年 6 月 23 日，陕参 1 井（1988 年 1 月 24 日开钻）喜获工业油流，为陕参 1 井钻井设计的审核人，受石油勘探开发科学研究院院领导委托，去现场解决钻井过程中的问题，这口井成为长庆奥陶系大气田的发现井。

- 1989 年 10 月 19 日，塔中 1 井喷出高产油气流。

- 1990 年，首次提出塔里木盆地具有叠合复合性质，这种盆地结构决定了含油气系统的叠合和复合、成藏组合的叠合和复合，对油气勘探具有重要的指导意义。

- 1991 年，主持完成"塔里木盆地油气分布规律和勘探方向"研究，获中国石油天然气总公司科技进步一等奖，为第一完成人。

- 1991 年，中国石油天然气总公司授予"石油工业有突出贡献的专家"称号。

- 1991 年 1 月，被任命为中国石油天然气总公司勘探局副局长，但因塔里木工作尚未完成，申请延长在塔里木工作时间至 1991 年 12 月。

- 1991 年，根据盆地的地质特点和当时的地震技术条件，强调了在石炭系找油的重要性，促进了石炭系勘探。

大事记

- 1992 年 5 月，塔中 4 井（1991 年 11 月 16 日开钻）获得重大突破。
- 1992 年，《塔里木盆地油气勘探论文集》专著出版。
- 1992 年，任国际勘探开发合作局副局长兼总地质师。
- 1993 年，任中国石油天然气勘探开发公司副总经理兼总地质师。
- 1995 年，开展苏丹 6 区系统研究，促成中国石油第一个大型走出去海外石油勘探开发项目签署。
- 1996 年，《塔里木盆地石油地质研究新进展》专著出版。
- 1997 年，领导完成阿克纠宾项目评价和获取工作，年产油从接收时的 260 万吨提高到后续年产 1000 万吨，目前累计产量超过 1.2 亿吨，一直是中国石油效益最好的油田之一。
- 2001 年，《油气勘探原理和方法》专著出版。
- 1997—2002 年，带领团队在苏丹 1/2/4 区勘探新增可采储量 1.1 亿吨，建成年产 1500 万吨的油田基地。
- 2002 年起，任中国石油天然气勘探开发公司高级顾问。
- 2002 年，确定了苏丹六区 Fula 为主力凹陷，第一口探井就获得突破，并发现了一个亿吨级油田，具有可年产 200 万吨原油的规模。
- 2002 年 8 月，确定迈卢特盆地 Palogue 构造井位，10 月开钻，12 月获得高产油流，单井产量 800 吨/日，油田地质储量近 5 亿吨，建成年产 1000 万吨原油基地。
- 2002 年，《世界石油勘探开发图集》系列丛书出版，将世界分为 5 个大区，进行分国家、分盆地的调研，是首次以跨国经营为目的的对世界盆地进行研究，为第一完成人。

- 2003 年，"苏丹 Muglad 盆地 1/2/4 区高效勘探的技术与实践"获国家科学技术进步奖一等奖，为第一完成人。

- 2003 年，"苏丹六区福北亿吨级油田的发现及 Fula 坳陷成藏规律研究"获中国石油天然气集团公司技术创新一等奖，为第二完成人。

- 2003 年，《21 世纪初中国跨国油气勘探开发战略研究》出版，该成果为从事跨国勘探开发的公司提供了参考，并在中国工程院完成的"中国可持续发展油气资源战略研究"项目中得到应用，为第一完成人。

- 2003 年，获孙越崎能源科学技术奖第十二届能源大奖。

- 2005 年，《海外油气田新项目评价技术和方法》出版。

- 2005 年，"迈卢特盆地快速发现大油田的配套技术与实践"获国家科学技术进步奖二等奖，为第一完成人。

- 2005 年，获何梁何利科学与技术进步奖。

- 2005 年，获李四光地质科学奖。

- 2005 年，当选为中国工程院院士。

- 2008—2015 年，任"十一五"至"十二五"中国石油天然气股份公司重大科技专项《全球油气资源评价与利用研究》项目长。

- 2008—2015 年，任国家油气重大科技专项"全球剩余油气资源研究及油气资产快速评价技术"项目长。

- 2019 年，获"庆祝中华人民共和国成立 70 周年"纪念章。